Το Ελληνικό Σύστημα Πρωτοβάθμιας Υγείας και Ο καρκίνος του μαστού ως παράδειγμα.

▶ Από Την Διδάκτωρ Ιατρικής Κοινωνιολογίας, του Πανεπιστημίου της Καλιφορνίας στο Σαν Φρανσίσκο

▶ Σωτηρία Θεοχάρη

Διαφάνεια 1.

Τι είναι υγεία και γιατί χρειάζεται ανασυγκρότηση το σύστημα παροχής της στην Ελλάδα;

Διαφάνεια 2

Η υγεία είναι βιο-κοινωνικό αγαθό. Αυτό σημαίνει ότι η ιατρική έχει αποστολή την παροχή υπηρεσιών σε ανθρώπους που είναι ασθενείς. Έτσι οι ασθενείς αξιοποιούνε ή είναι τουλάχιστον χρήστες της ιατρικής γνώσης και τεχνογνωσίας.

Η έννοια της υγείας ως βιο- κοινωνικού αγαθού έρχεται σε αντίθεση με αυτή του καπιταλιστικού προϊόντος και είναι σημαντική η διαφοροποίηση. Ο καπιταλισμός αν και είναι κάλος στην διακίνηση αγαθών δεν είναι και ο καλύτερός διακινητής ιδεών/ θεραπειών πέραν από την οικονομική εκμετάλλευση των.

Ο καπιταλισμός στην υγεία βασίζεται στο μοντέλο του λογικού καταναλωτή υγείας, που είναι κυρίως γνώστης θεραπειών και των συνοδευόμενων προβλημάτων μ' αυτές. Δηλαδή προϋποθέτει ενημερωμένους καταναλωτές υγείας. Σε πολλές περιπτώσεις ο καπιταλισμός, δηλαδή η διακίνηση αγαθών με βάση μόνο την ψυχρή λογική του συμφέροντος, μπορεί να είναι αναποτελεσματικός για την υγεία και στο τέλος μπορεί να στοιχίζει και σε λεφτά αλλά και σε ζωές.

► **Η φροντίδα για την υγεία είναι συνειδητή επιλογή του ατόμου.** Διαλέγουμε την υγεία ως αγαθό και μερικές φορές ως προϊόν.

► **Η έννοια των σωστών επιλογών είναι σημαντική.** Οι επιλογές θεραπειών, ιατρών, νοσοκομείων κ.τ.λ. στην υγεία πρέπει να γίνεται με διαφανής διαδικασίες επιλεγμένες, και μέσα από μια την σωστή σχέση ασθενούς και θεράποντα όπου υπάρχουν νομοθετικά πλαίσια προστασίας του ασθενούς αλλά και του ιατρού.

► Υπάρχουν διαδρομές (pathways/ trajectories) υγείας που διακυμαίνονται από σωστές, σωστότερες και σωτήριες για την υγειά του ασθενούς ή/ και λάθος, εσφαλμένες και καταστροφικές.

Ένα παράδειγμα είναι η αντιμετωπίσει του καρκίνο του μαστού. Η ιδέα ότι η ολική προφυλακτική μαστεκτομή σώζει ζωές μπορεί να αποδειχτεί επιζήμιά σε μερικές περιπτώσεις. Η προφυλακτική μαστεκτομή είναι απλές τομές που βασίζονται σε εθελοντικές επεμβάσεις, δηλαδή που είναι επιλογή του ασθενούς και ιατρού για πρόληψη. Όταν λοιπόν δεν παρακολουθείτε μετεγχειρητικά ο ασθενής μπορεί να νοσήσει με βάση την δημιουργία καρκίνου στα υπόλοιπα κύτταρα που τότε δεν θα μπορούμε να θεραπεύσομε. Ίσως θα χρειαζόταν περεταίρω χημείο-θεραπεία και ραδιοθεραπεία και παρακολούθηση σε μερικές περιπτώσεις. Ο καρκίνος του μαστού για να θεραπευτεί έχει αποδειχτεί ότι χρήζει ιδιαίτερη αντιμετώπιση από ασθενή σε ασθενή. Διαφορετικά στοιχίζει ακριβά σε ζωή και χρήματα.

Κυβοργς (cyborgs) και υγεία ως αγαθό (Θεοχάρη, 1997)
Διαφάνεια 3.

As κοιτάξουμε λίγο πέραν από την καπιταλιστική και κοινωνική σχέση ιατρού και ασθενή, τι είναι η ιατρική του σήμερα; Κυβερνητική (Cybernetic);

Σύμφωνα με την μεταπτυχιακή μου εργασία στο Ντάρχαμ της Αγγλίας: *Birthing Pains: Why Cyborgs Refigure medical technologies and objectives.* Οι ασθενείς στην σημερινή εποχή είναι Κυβόργς (Cyborgs) --Δηλαδή κυβερνητικοί (Κυβ) οργανισμοί (οργ). Η ιατρική είναι Κυβερνητική δηλαδή προσπαθεί να κυβερνήσει/ διαχειρισθεί τις ασθένειες. (Θεοχάρη, 1997)

Η ιατρική δίνει λύσεις στις παθήσεις/ ασθένειες των ανθρώπων που είναι τέχνο-οργανικές (όπως χορηγία φαρμάκων και βοηθημάτων, όπως γυαλιά και φακοί επαφής). Άλλοτε έχουν σχέση με ζωικούς οργανισμούς όπου η οντολογική σχέση ζώου, ανθρώπου και τεχνολογίας γεφυρώνετε. (Θεοχάρη, 1997)

Πέραν από την ιατρική που πασχίζει να λύση τα προβλήματα των ασθενειών και τουλάχιστον να εδραιώσει κοινά επίπεδα υγείας, υπάρχει βέβαια και η ιατρική που κινήτε στα πλαίσια της προφυλακτικής, ολοκληρωτικής και ολιστικής. Η Ιατρική αυτή προχωρά στην λύση παθημάτων και ασθενειών με γνώμονα τις διατροφικές συνήθειες και ψυχολογικές/ κοινωνικές συμπεριφορές πολλές φορές πριν την παρουσίαση των συμπτωμάτων.

ασθενειών με γνώμονα τις διατροφικές συνήθειες και ψυχολογικές/ κοινωνικές συμπεριφορές πολλές φορές πριν

Κυβόργς και αποφάσεις υγείας (Clark, 1969)

Ο τρόπος αντιμετωπίσεις ασθενών κατά Δρ. Κλάρκ 1969 «Medical Cybernetics» που είναι μέσα στον τόμο *Survey of cybernetics: a tribute to Dr. Norbert Wiener.* (*Dr. Norbert Wiener* ήταν μαθηματικός και φιλόσοφος)

Διαφάνεια 4.

Κατάσταση ιατρικής	Ο ρόλος του ιατρού	Ο ρόλος του ασθενούς
1. Ιστορία εξετάσεων/ Ιδικών εξετάσεων	Μαθητής	Δάσκαλος
2. Διάγνωση	--	--
3. Θεραπεία	Δάσκαλος	Μαθητής

Η σχέση ιατρού/ασθενή είναι σαν του μαθητή/ καθηγητή. Ο ιατρός μαθαίνει από τον ασθενή κατά την εξέταση και συλλογή ιστορικού. Κατά την διάγνωση η ιατρική παίζει σημαντικό ρόλο να διδάξει και σε ιατρό και σε ασθενή το αίτια και την συμπτωματολογία της πάθησης/ των παθήσεων.

Ενώ στην θεραπεία ο δάσκαλος είναι κατά κύριο λόγο ο ιατρός για να γιατρευτεί ο ασθενής.

Με την παραγωγή και χρήση του Κυβέρ-Μεντ (CyberMed του προγράμματος που βοηθάει στην διάγνωση) η ιατρική βασίζετε στους υπολογιστές όχι μόνο για αρχειοθέτηση, αλλά και για έλεγχο διαγνωστικών καταστάσεων.

Τι είναι το πρωτοβάθμιο/ δευτεροβάθμιο/ τριτοβάθμιο σύστημα Υγείας στην Ελλάδα;

Διαφάνεια 5.

Το πρωτοβάθμιο σύστημα υγείας είναι η πρώτη επαφή με τον ασθενή στην διάγνωση και θεραπεία που την παρέχουν κυρίως στα Κέντρα Υγείας. Αυτά ιδρύθηκαν για την αποσυμφόρηση των νοσοκομείων και για τις ανάγκες των περιφερειών. Ακολουθεί δευτεροβάθμια και τριτοβάθμια υγεία που παρέχεται στα κεντρικά νοσοκομεία για ενδονοσοκομειακή περίθαλψη παθήσεων/ ασθενειών.

Στην Ελλάδα δεν είναι σαφή η θεσμοθέτηση και χρήση του οικογενειακού γιατρού. (Σωτηριάδου και άλλοι, 2011) Που βοηθάει στην διαρκή φροντίδα ασθενών διατηρώντας ένα κοινό φάκελο/ αρχείο υγείας. Αυτός ο φάκελος/αρχείο είναι σωτήριος γιατί αποτρέπει λάθη κα παρέχει όλο το ιστορικό του κάθε ασθενούς, που είναι σημαντικό για την πρόληψη και θεραπεία. Επίσης μειώνει το κόστος υγείας διότι δεν επαναλαμβάνονται άσκοπα οι ιδίες εξέτασες.

Σύστημα υγείας στην Ελλάδα

Διαφάνεια 6.

Το Ελληνικό σύστημα υγείας είναι καθολικό δια μέσου της εθνικής ασφάλισης (ΕΣΥ) και ιδιωτικής ασφάλισης.

Χωρίζεται σε δύο μέρη (κέντρα υγείας και διαγνωστικά κέντρα για πρωτοβάθμια υγεία) και νοσοκομεία (για δευτεροβάθμια και τριτοβάθμια υγεία) (Γεωργακοπούλου, 2014)

Οργάνωση υγείας στην Ελλάδα

Διαφάνεια 7.

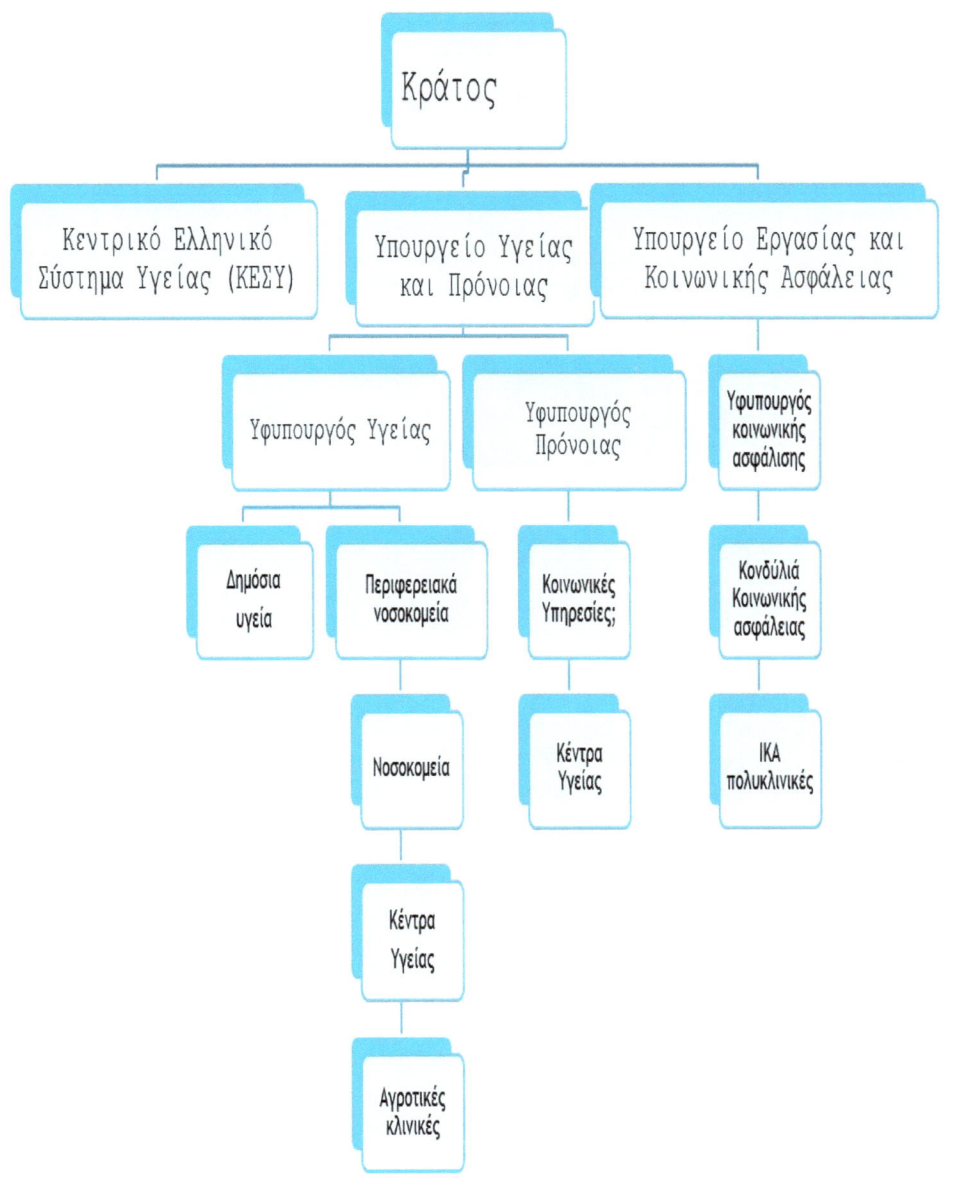

Από το διαδίκτυο
World Health Organization
Regional Office for Europe
Copenhagen 1996

Σχέση διαγνωστικής και πειραματικής ιατρικής/ κλινικής και νοσοκομείου (Θεοχάρη, 2006)

Διαφάνεια 8.

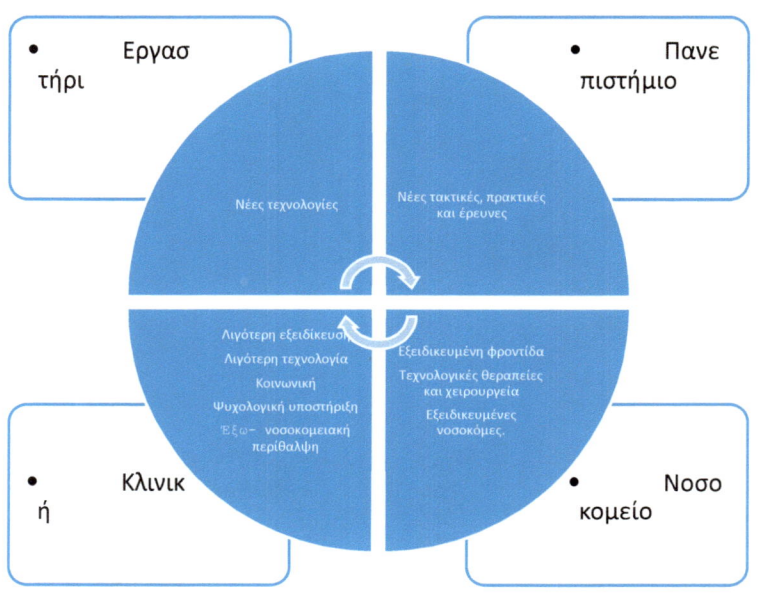

Στο εργαστήριο παράγονται νέες τεχνολογίες και τεστ. Αυτές οδηγούνε σε νέες πρακτικές/ τεχνικές και έρευνες στο πανεπιστήμιο. Μετά εξειδικεύονται στην φροντίδα των ασθενών στα νοσοκομεία. Κι έτσι τέλος ο κόσμος στην κλινική έχει καινούργιες επιλογές: όπως ψυχολογική και κοινωνική στήριξη και νέα έξω- νοσοκομειακή περίθαλψη.

Πρόταση: «Σχέση Ιατρού με το σπίτι» ελλιπής για την Ελλάδα (Θεοχάρη, 2006)

Διαφάνεια 9.

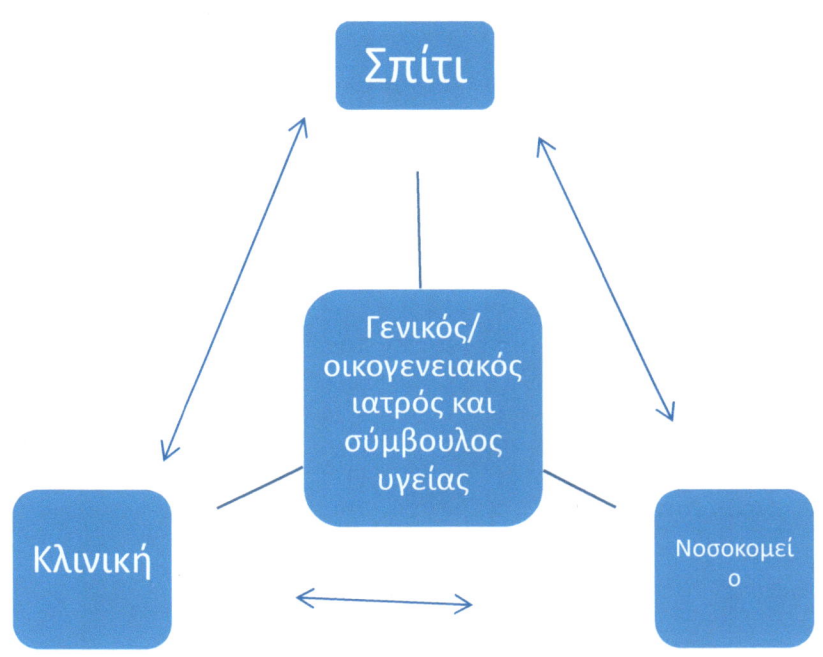

Από το σπίτι συνήθως ο ασθενής θα πάει στον γενικό/ οικογενειακό γιατρό που θα τον κατευθύνει στο κέντρο υγείας ή το νοσοκομείο.

Αλληλοεπιδρώντες στο σύστημα υγείας για τον καρκίνο του μαστού στην ΗΠΑ (Θεοχάρη, 2006)

Διαφάνεια 10.

Οι συγκεκριμένες θεραπευτικές/ διαγνωστικές επεμβάσεις που συλλέγονται επηρεάζονται από την συναισθηματική/ φυσική/ πνευματική υγεία του ασθενούς. Αυτή η υγεία είναι το αποτέλεσμα ελέγχου του ρίσκου και του πρωτόκολλο θεραπείας. Το οποίο αλλάζει από το ιατρικό κέντρο σε κέντρο. Η επιλογή κέντρου υγείας επηρεάζεται από τον είδος ασφάλισης του ασθενούς. Η ασφάλιση βασίζεται στις πολιτικές υγείας και ασφάλισης. Η πολιτική υγείας επηρεάζει την κοινωνική συμπεριφορά του ατόμου. Η κοινωνική συμπεριφορά επηρεάζει την συναισθηματική/ πνευματική και φυσική υγεία του ατόμου.

Γράφημα

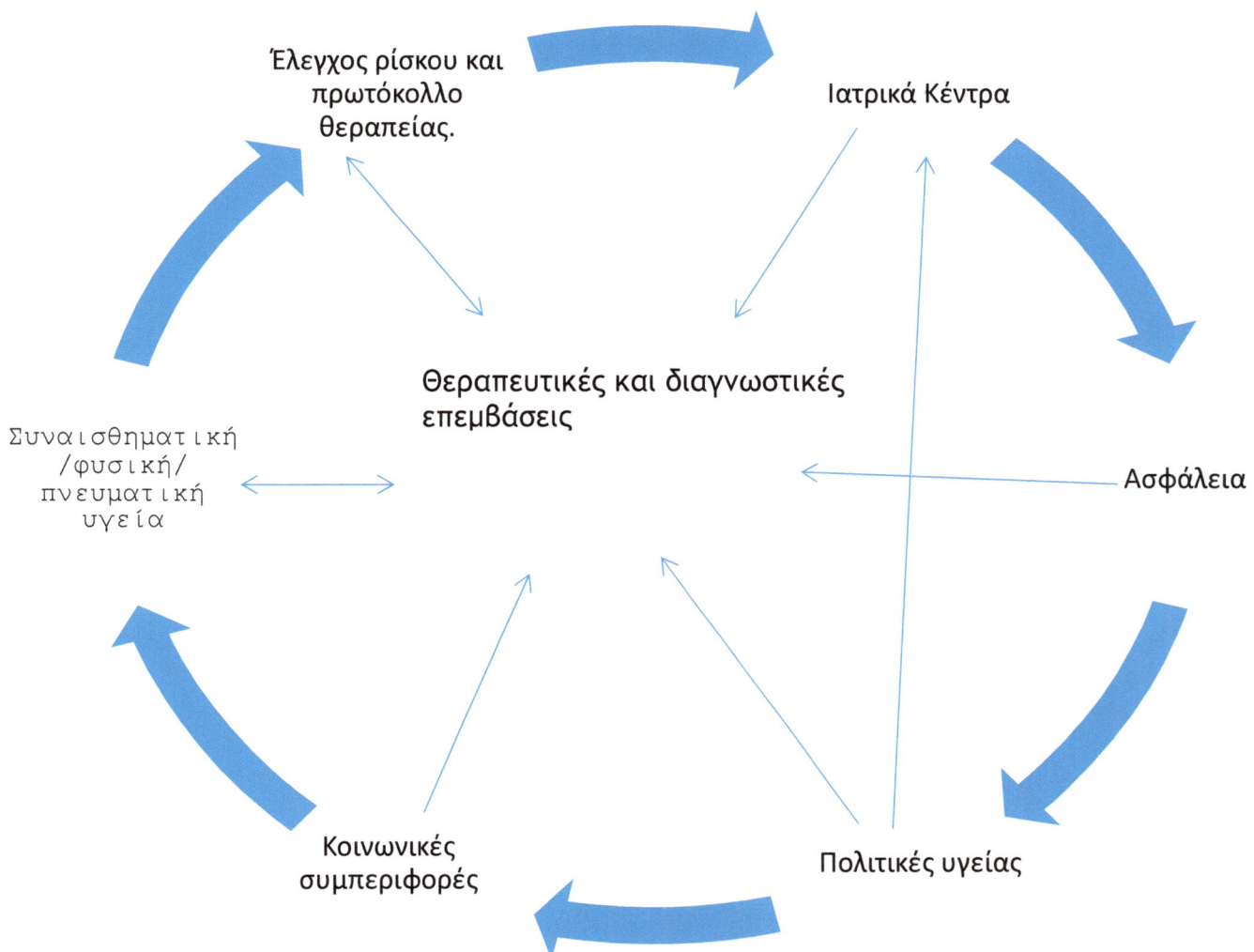

Έλεγχος ρίσκου και πρωτόκολλο θεραπείας.

Ιατρικά Κέντρα

Θεραπευτικές και διαγνωστικές επεμβάσεις

Συναισθηματική /φυσική/ πνευματική υγεία

Ασφάλεια

Κοινωνικές συμπεριφορές

Πολιτικές υγείας

Διαγνωστικές θεραπευτικές επέμβασης καρκίνο-πάθησης μαστού(Θεοχάρη, 2006)

Διαφάνεια 11.

	Διαγνωστική Πρακτική	Θεράποντες	Τεχνολογία	Μέρος Σώματος
1	Αυτό – παρακολούθηση	Εαυτός/ Σύντροφος	Χέρια αφή	μαστός
2	Κλινική/ Οικογενειακή Ιστορία	Γενικός ιατρός, γενικές νοσοκόμες	Ιστορικό γενεαλογία	Εαυτός Μαστός Γενεαλογικό δέντρο
3	Κλινική ψηλάφηση	Γενικός ιατρός, γενικές νοσοκόμες	Ιατρικά Χέρια Ιατρική Αφή	μαστός
4	Μαστογραφία/ Υπέρηχοι/ Μαγνητικές	Ακτινολόγος	Μαστογραφία Υπέρηχοι Μαγνητικές	Μαστός
5	Γεννητικό Τεστ	Γενετικοί σύμβουλοι, Γενετικοί, και εργαστηριακοί	Γενετικό τεστ Ιστορικό	Αίμα
6	Βιοψία Βιοψία με λεπτή βελόνα Ογκεκτομή	Χειρούργοι, παθολόγοι, σπάνια γυναικολόγοι	Βελόνες, βαφές, μικροσκόπια, μικρό χειρουργείο	Ιστοί

Υγεία ως βιο-κοινωνικό αγαθό στην Ελλάδα

Διαφάνεια 12.

Στην Ελλάδα πέραν της έλλειψης γενικού οικογενειακού ιατρού και συμβούλου είναι ελλιπής έως ανύπαρκτή η συνεργασίας της κοινότητας με την ευρεία έννοια τοπική αυτοδιοίκηση κτλ. και του νοσοκομείου ή κλινικής. (Σωτηριάδου και άλλοι, 2011)

Πολλές φορές η κοινωνικοποίηση της ιατρικής φαίνεται σαν να αμφισβητεί ή να θέτει σε ερώτημα το ιατρικό αλάθητο. (Οικονόμου, 2008) Ειδικά η αμφισβήτηση αύτη έχει να κάνει με κοινωνικά κινήματα. Δηλαδή αν μια θεραπεία ή φάρμακο είναι γενικά νέο και καλό ή παλαιό κα ξεπερασμένο ή/ και κακό.

Βιο-κοινωνική ιατρική (Θεοχάρη, 2006)

Διαφάνεια 13.

▶ Κατά την ερευνά μου στον καρκίνο του μαστού, η παροχή υγείας είναι βίο-κοινωνική εκ της φύσεως της.

- ○ Η βιο-κοινωνική ιατρική είναι η δημιουργική/ παραγωγική σχέση ιατρού και ασθενή στην επιλογή και την δημιουργία διαγνωστικών μεθόδων και θεραπειών.

- ○ Η βιο-κοινωνική ιατρική προβληματίζετε για την θεσμική και πρακτική της εφαρμογή. Είναι γεγονός ότι θέλουμε μια παραγωγική σχέση μεταξύ υγείας και κοινωνικής ζωής ούτος ώστε να δημιουργήσουμε Θεσμούς που υποστηρίζουν την παραγωγική αλλαγή.

- ○ Στη βιο-κοινωνική ιατρική μοιραζόμαστε το κόστος, που πληρώνουμε, για την δημιουργία ιατρικής γνώσης/ έρευνας.

Έλεγχος συναισθημάτων στον καρκίνο του μαστού

Διαφάνεια 14

Μέρος της βιο-κοινωνικής ιατρικής είναι κυρίως η ψυχολογική υπόσταση του ασθενούς για να δράσει. Ένας ασθενής που πάσχει από τον καρκίνο του μαστού έχει σύνθετη σχέση με τον εαυτό του. Συναισθηματικά/ ψυχολογικά χρειάζεται στήριξη για να μπορέσει να αντιδράσει έγκαιρα. Οι αντιδράσεις έχουν σχέση με το παλαιό, το σημερινό, και τον μελλοντικό εαυτό του.

Αξονική αντιπροσώπευση Συναισθημάτων

Διαφάνεια 15

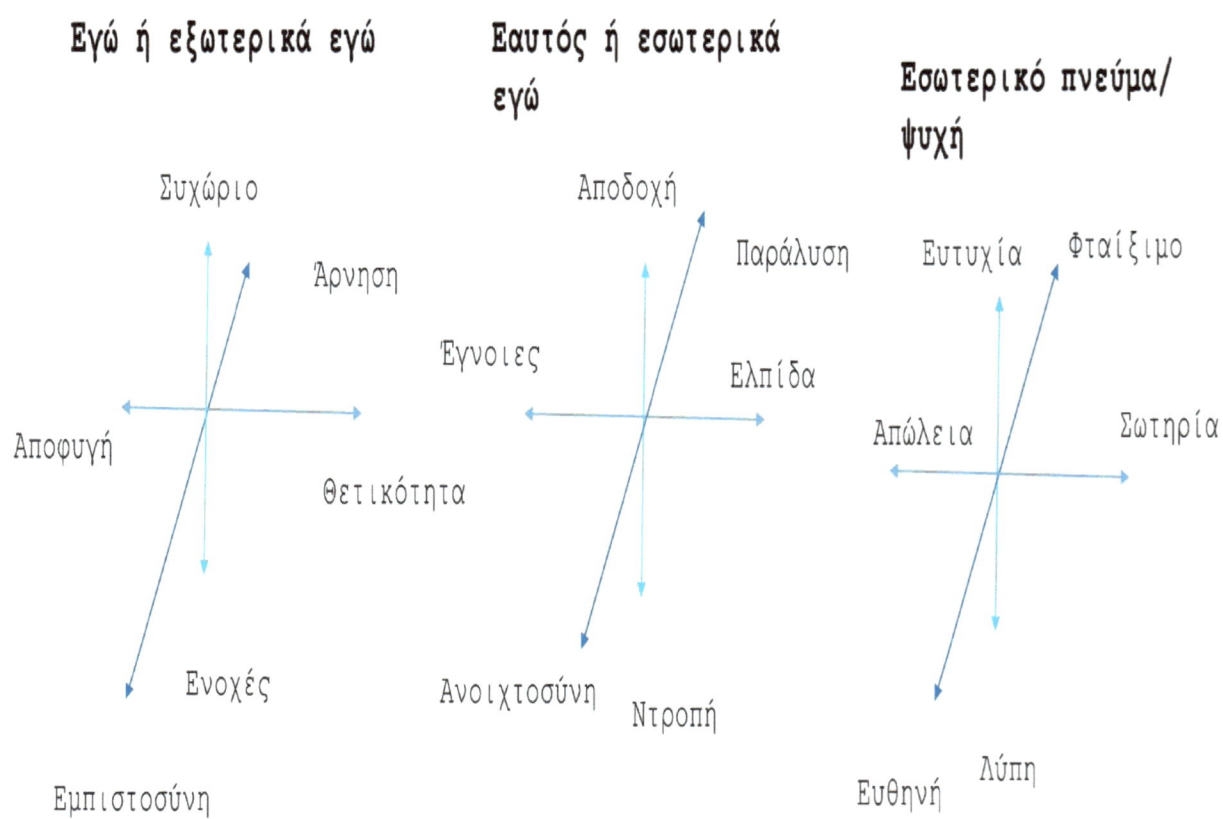

Οι σχέσης μας με το **παρελθόν** είναι σύνθετες και νοητικά έχουν τρεις διαστάσεις. Ένας τόπος με άξονες: Συχώριο/ Ενοχή, Θετικότητα/ Αποφυγή, Εμπιστοσύνη/ Άρνηση.

Οι σχέσης μας με το **παρόν** είναι σύνθετες και νοητικά έχουν τρεις διαστάσεις. Ένας τόπος με άξονες: Αποδοχή/ Ντροπή, Ανοιχτοσύνη/ Παράλυση, Ελπίδα/ Έγνοιες.

Οι σχέσης μας με το **μέλλον** είναι σύνθετες και νοητικά έχουν τρεις διαστάσεις. Ένας τόπος με άξονες: Σωτηρία/ απώλεια, ευτυχία/ Λύπη, Ευθύνη/ Φταίξιμο.

Οι σχέσης μας με το **μέλλον** είναι σύνθετες και νοητικά έχουν τρεις διαστάσεις. Ένας τόπος με άξονες: Σωτηρία/ απώλεια, ευτυχία/ Λύπη, Ευθύνη/ Φταίξιμο.

Διάσταση συναισθημάτων

Διαφάνεια 16

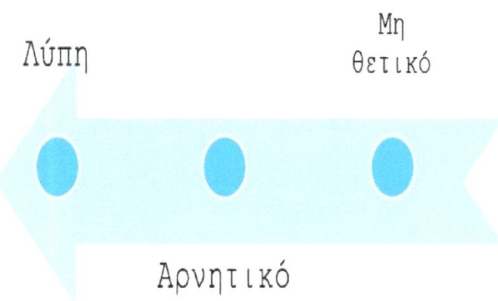

Ένας άξονας ορίζετε έτσι: Λύπη, αρνητική σκέψη, μη θετική σκέψη, μηδενική σκέψη, μη αρνητική σκέψη, θετική σκέψη, χαρά.

Πρόταση: Τι μπορούμε να κάνουμε για να την πρωτοβάθμιά φροντίδα υγείας;

Διαφάνεια 17.

Ο γενικός ιατρός/ οικογενειακός σύμβουλος, είναι το πρώτο κλειδί της επιτυχίας. Ο γενικός γιατρός/ οικογενειακός σύμβουλος είναι ένα βήμα από το σπίτι, μεταξύ του κέντρου υγείας, το δε νοσοκομείο είναι άλλο ένα επίπεδο.

Μπορεί έτσι να τρίγωνο-ποιήσει (triangulation) θέματα και μας παρακολουθεί συνέχεια. Έτσι δεν διασπάτε το σύστημα υγείας αλλά έχουμε ένα κεντρικό κόμβο και ιατρική σχέση. (Θεοχάρη, 2015)

Πρόταση: Κοινότητα και Υγεία
Διαφάνεια 18.

Η σχέση τοπικής κοινότητας με την ευρέα έννοια και ιατρού πρέπει να διευρυνθεί όπως και η επιλογή ιατρών.

Αυτό μπορεί να γίνει με την δημιουργία δίκτυού ιατρών οπού ο ασθενής βρίσκει τον ιατρό ειδικό ως προς τα θέματα του πέραν από κλινικές επιλογές.

Ιατροί σε δίκτυα ειδικοί για παράδειγμα, τους μετανάστες, τους γέρους, τους χριστιανούς, τους πάσχοντες από ειδικές νόσους, τους ΛΟΑΤΙ (Λέσβιες, Ομοφυλοφίλους, αμφίφυλους, Τρανσ-φιλικούς και Ιντερ-σεξουάλ) κτλ. μπορούν να εδραιωθούν.

Η ιατρική γνώση δημιουργείτε σε πολλά επίπεδα. Χεριάζετε κίνηση και ενημέρωση ασθενών για την συμμέτοχή τους σε ιατρικά πρωτοκολλά μελέτης/ έρευνας.

Περαιτέρω ερωτήματα;
Διαφάνεια 19.

Τι σημαίνει ότι η υγεία είναι βιο-κοινωνικό αγαθό;

Τι σημαίνει η βιο-κοινωνικότητα για την πρωτοβάθμια φροντίδα υγείας;

Ποιος είναι ο ρόλος του γενικού γιατρού και γιατί είναι απαραίτητος στο σύστημα;

Ποια είναι η δομή του ελληνικού συστήματος Υγείας;

Απαντήσεις

Η υγεία είναι βιο-κοινωνικό αγαθό γιατί είναι υποχρέωση του κράτους να την παρέχει με κοινωνικούς πόρους. Είναι βιο-κοινωνική επίσης γιατί σχέση μεταξύ

ασθενούς και ιατρού πρέπει να είναι δυναμική,
επικοινωνιακή, εξισορροπημένη, διάφανες και δημοκρατική.

Στην πρωτοβάθμια υγεία υπάρχει έλλειμα γενικών
ιατρών που θα μπορούσαν να φέρουν τον ασθενή σε καλύτερη
επαφή με το σύστημα υγείας. Ο ρόλος του ιατρού είναι
κομβικός και μπορεί να έχει όλο το ιστορικό του ασθενούς
να τον παρακολουθεί.

Σε γενικές γραμμές το ελληνικό σύστημα υγείας
χωρίζεται σε δυο μέρη: τα κέντρα υγείας και τα
νοσοκομεία.

«Μπορεί να είναι οτιδήποτε!»

πολύ γενικός ιατρός

Σύνοψη για την Υγεία και Πρωτοβάθμια φροντίδα

- Η βιο-κοινωνική υγεία στην Ελλάδα είναι καινούριο φαινόμενο. Ορίζει τους ασθενής κυβόργς.

- Η πρωτοβάθμια υγεία έχει ελλείψεις που μειώνουν την προσβασιμότητα και κοινωνικότητα της. Η κύρια έλλειψη είναι του γενικού οικογενειακού γιατρού.

- Στον καρκίνο ο γενικός γιατρός παίζει σημαντικό ρόλο στην διάγνωση του καρκίνου. Αν και ο κεντρικός ρόλος είναι του χειρούργου.

- Η ψυχοκοινωνική στήριξη των ασθενών είναι σημαντική για την δράση των και τις επιλογές των ειδικών για τον καρκίνο του μαστού.

Βιβλιογραφία

Διαφάνεια 21.

▶ Clark, 1969. "Medical cybernetics." in survey of cybernetics: A tribute to Dr. Nobert Wiener.

▶ Γεωργακοπούλου Παρασκευή. 2014. Η ΠΡΩΤΟΒΑΘΜΙΑ ΦΡΟΝΤΙΔΑ ΥΓΕΙΑΣ ΣΤΗΝ ΕΛΛΑΔΑ ΚΑΙ Η ΑΝΑΓΚΑΙΟΤΗΤΑ ΑΝΑΣΥΓΚΡΟΤΗΣΗΣ ΤΗΣ. Πανεπιστήμιο Πελοποννήσου.

▶ Θεοχάρη Σωτηρία. 1997. Birthing Pains: how do Cyborgs Refigure medical bodies, technologies, and objectives. Durham University.

▶ Θεοχάρη Σωτηρία. 2006. Life with Breast Cancer: Timing Medical Intervention. UCSF.

▶ Θεοχάρη, Σωτηρία. 2015. Microsociology. Createspace.

▶ Οικονόμου, Χαράλαμπος. 2008. Υγεία και κοινωνικά κινήματα. Κοινωνική Συνοχή και Ανάπτυξη.

▶ Σωτηριάδου Κ.1 , Μαλλιαρού Μ.2 , Σαράφης Π «Πρωτοβάθμια Φροντίδα Υγείας στην Ελλάδα – κατάσταση και προοπτικές». Inter-scientific Health Care (2011) Vol 3, Issue 4, 140-148

Το Ελληνικό Σύστημα Πρωτοβάθμιας Υγείας και ο καρκίνος του μαστού ως παράδειγμα.

▶ Από Την Διδάκτωρ Ιατρικής Κοινωνιολογίας, του Πανεπιστημίου της Καλιφορνίας στο Σαν Φρανσίσκο Σωτηρία Θεοχάρη

Τι είναι υγεία και γιατί χρειάζεται ανασυγκρότηση στην Ελλάδα;

- **Η υγεία είναι κοινωνικό αγαθό.** Αυτό σημαίνει ότι η ιατρική στηρίζεται στην παροχή υπηρεσιών σε ανθρώπους που είναι ασθενείς ή τουλάχιστον χρηστές ιατρικής γνώσεις και τεχνογνωσίας.

- **Η υγεία είναι συνειδητή επιλογή.** Διαλέγουμε την υγεία ως αγαθό και προϊόν.

- **Η έννοια των σωστών επιλογών είναι σημαντική.** Οι επιλογές στην υγεία πρέπει είναι δημοκρατικά εκλεγμένες μέσα στην σχέση ασθενούς και θεράποντα με προστασίες για τον ασθενή.

- Υπάρχουν διαδρομές (pathways/ trajectories) υγείας που διακυμαίνονται από σωστές, σωστότερες και σωτήριες για την υγειά η/ και λάθος, λανθάνουσες και καταστροφικές.

Κυβοργς και υγεία ως αγαθό

▶ Σύμφωνα με την δουλειά μου στο Ντάρχαμ (Birthing Pains: Why Cyborgs Refigure medical technologies and objectives). Οι ασθενείς στην σημερινή εποχή είναι Κυβόργς (Cyborgs).Η ιατρική είναι κυβερνιτική.

▶ Η ιατρική δίνει λύσεις στις παθήσείς των ανθρώπων που είναι τέχνο-οργανικά (από χορηγία φαρμάκων και βοηθημάτων όπως γυαλιά και φακοί επαφής) αλλά και που άλλοτε έχουν σχέση με ζωικούς οργανισμούς όπου η οντολογική σχέση ζώου, ανθρώπου και τεχνολογίας γεφυρώνετε. (Θεοχάρη, 1997)

▶ Υπάρχει βέβαια και η ιατρική που είναι στα πλαίσια της προφυλακτικής, ολιστικής, και ολοκληρωτικής, που προχωρά στην λύση παθημάτων και ασθενειόν με γνώμονα τις διατροφικές συνήθειες και ψυχολογικές/ κοινωνικές συμπεριφορές πολλές φορές πριν των συμπτωμάτων.

Κυβόργς και αποφάσεις υγείας (Clark, 1969)

Κατάσταση ιατρικής	Ο ρόλος του ιατρού	Ο ρόλος του ασθενούς
1. Ιστορία εξετάσεων/ Ιδικών εξετάσεων	Μαθητής	Δάσκαλος
2. Διάγνωση	--	--
3. Θεραπεία	Δάσκαλος	Μαθητής

Τι είναι το πρωτοβάθμιο/ δευτεροβάθμιο/ τριτοβάθμιο σύστημα Υγείας

▶ Το πρωτοβάθμιο σύστημα υγείας είναι η πρώτη επαφή με τον ασθενή στην διάγνωση και θεραπεία που την παρέχουν τα κέντρα Υγείας. Αυτά ιδρύθηκαν για την αποσυμφόρηση κυρίως των νοσοκομείων και τις ανάγκες των περιφερειών. Μετά συνεπάγετε δευτεροβάθμια και τριτοβάθμια υγεία που παρέχετε στα νοσοκομεία για ενδονοσοκομειακή περίθαλψη παθήσεων/ ασθενειών.

▶ Στην Ελλάδα δεν είναι σαφές η θεσμοθέτηση και χρήση του οικογενειακού γιατρού. (Σωτηριάδου και άλλοι, 2011) Που βοηθάει στην διαρκή φροντίδα ασθενών έχοντας ένα κοινό φάκελο/ αρχείο υγείας. Αυτός ο φάκελος/αρχείο είναι σωτήριος γιατί αποτρέπει λάθη κα παρέχει όλο το ιστορικό του ασθενούς, που είναι σημαντικό για την πρόληψη και θεραπεία. Επίσης μειώνει το κόστος στην υγείας να μην επαναλαμβάνονται άσκοπα οι ιδίες εξέτασες.

Σύστημα υγείας στην Ελλάδα

▶ Το Ελληνικό σύστημα υγείας είναι καθολικό δια μέσου της εθνικής ασφάλισης και ιδιωτικής ασφάλισης.

▶ Χωρίζεται σε δύο μέρη (κέντρα υγείας και διαγνωστικά κέντρα για πρωτοβάθμια υγεία) και νοσοκομεία (για δευτεροβάθμια και τριτοβάθμια υγεία). (Γεωργακοπούλου, 2014)

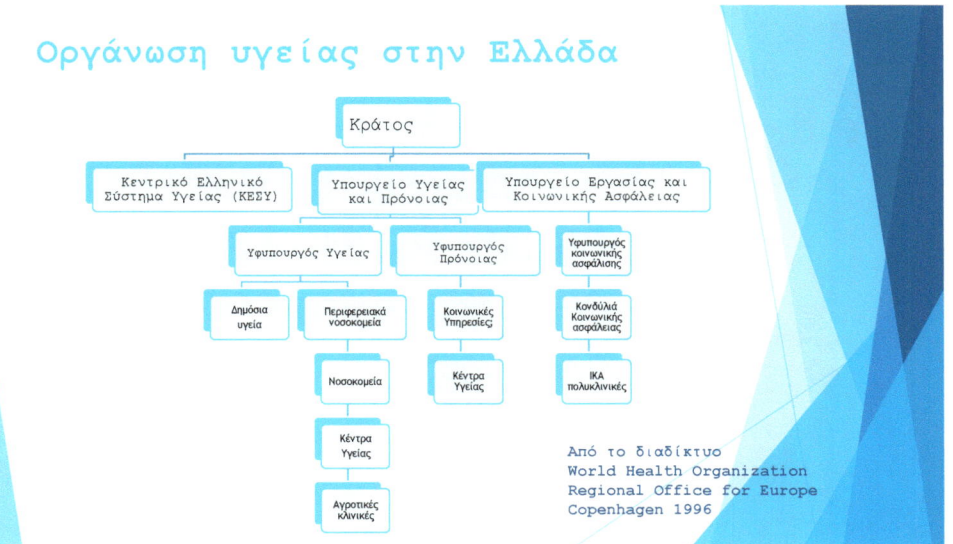

Οργάνωση υγείας στην Ελλάδα

Πρόταση: «Σχέση Ιατρού με το σπίτι»
ελλιπής για την Ελλάδα (Θεοχάρη, 2006)

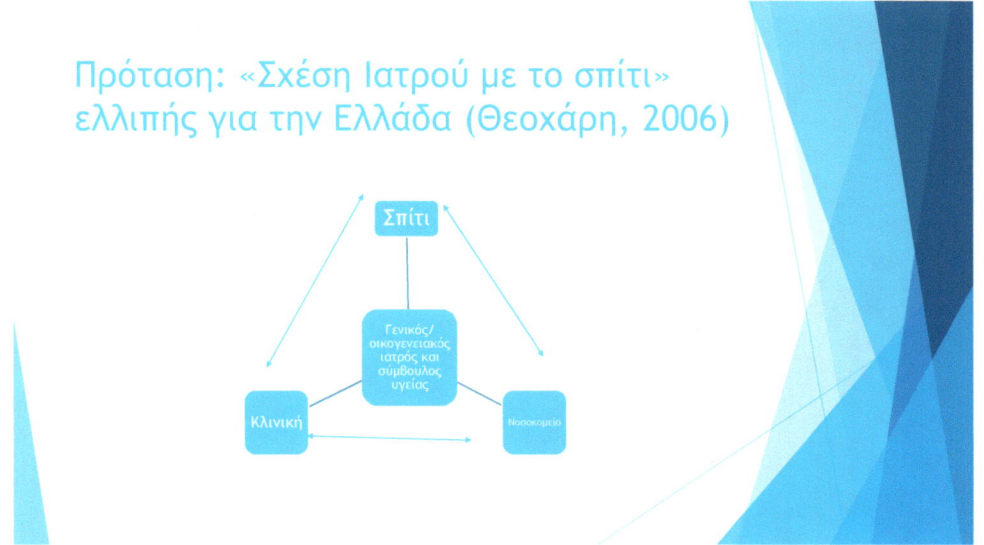

Διαγνωστικές θεραπευτικές επέμβασης καρκίνο-πάθησης
(Θεοχάρη, 2006)

	Διαγνωστική Πρακτική	Θεράποντες	Τεχνολογία	Μέρος Σώματος
1	Αυτό –παρακολούθηση	Εαυτός/ Σύντροφος	Χέρια αφή	μαστός
2	Κλινική/ Οικογενειακή Ιστορία	Γενικός ιατρός, γενικές νοσοκόμες	Ιστορικό γενεαλογία	Εαυτός Μαστός Γενεαλογικό δέντρο
3	Κλινική ψηλάφηση	Γενικός ιατρός, γενικές νοσοκόμες	Ιατρικά Χέρια Ιατρική Αφή	μαστός
4	Μαστογραφία/ Υπέρηχοι/ Μαγνητικές	Ακτινολόγος	Μαστογραφία Υπέρηχοι Μαγνητικές	Μαστός
5	Γεννητικό Τεστ	Γενετικοί σύμβουλοι, Γενετικοί, και εργαστηριακοί	Γενετικό τεστ Ιστορικό	Αίμα
6	Βιοψία Βιοψία με λεπτή βελόνα Ογκεκτομή	Χειρούργοι, παθολόγοι, σπάνια γυναικολόγοι	Βελόνες, βαφές, μικροσκόπια, μικρό χειρουργείο	Ιστοί

Υγεία ως κοινωνικό αγαθό στην Ελλάδα

▶ Στην Ελλάδα πέραν της έλλειψης γενικού οικογενειακού ιατρού και συμβούλου είναι ελλείπει η σχέση της κοινότητας και του νοσοκομείου ή κλινικής. (Σωτηριάδου και άλλοι, 2011)

▶ Πολλές φορές η κοινωνικοποίηση της ιατρικής φαίνεται σαν να αμφισβητεί ή να θέτει σε ερώτημα το ιατρικό αλάθητο. (Οικονόμου, 20008) Ειδικά η αμφισβήτηση αύτη έχει να κάνει με κοινωνικά κινήματα. Δηλαδή αν μια θεραπεία η φάρμακο είναι γενικά νέο και καλό ή παλαιό κα ξεπερασμένο ή/ και κακό.

Βιο-κοινωνική ιατρική (Θεοχάρη, 2006)

▶ Κατά την ερευνά μου στον καρκίνο του μαστού η υγεία είναι βίο-κοινωνική εκ της φύσεως της.

○ Η βιο-κοινωνική ιατρική είναι η δημιουργική/ παραγωγική σχέση ιατρού και ασθενή στην επιλογή και την δημιουργία θεραπειών και διαγνωστικών.

○ Η βιο-κοινωνική ιατρική είναι σκεπτόμενη της θεσμικής πρακτικής της εφαρμογής. Θέλουμε μια παραγωγική σχέση μεταξύ υγείας και κοινωνικής ζωής έτσι ώστε να δημιουργήσουμε θεσμούς που υποστηρίζουν την παραγωγική αλλαγή.

○ Η βιο-κοινωνική ιατρική μοιραζόμαστε το κόστος που πληρώνουμε για την δημιουργία ιατρικής γνώσης/ έρευνας.

Διάσταση συναισθημάτων

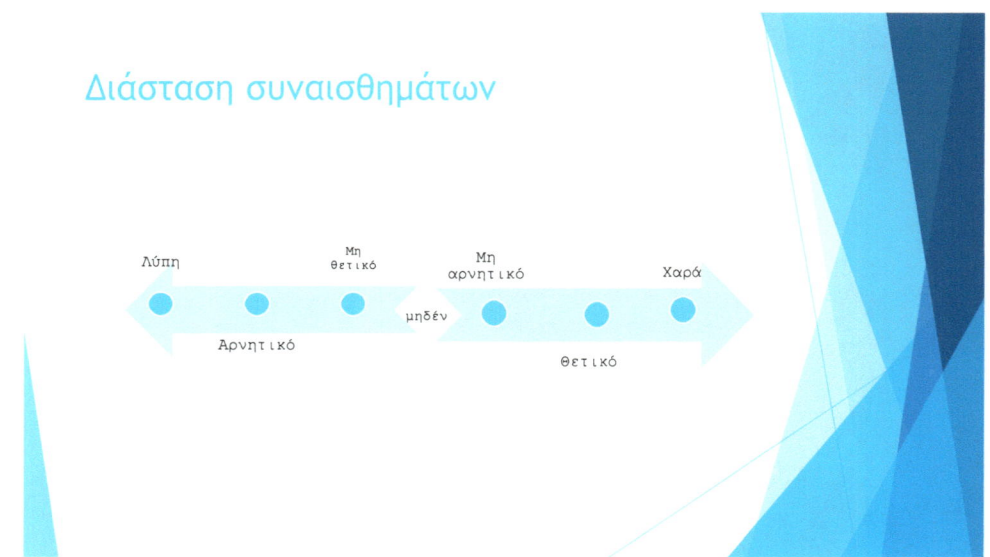

Πρόταση: Τι μπορούμε να κάνουμε για να την πρωτοβάθμιά φροντίδα υγείας;

▶ Ο γενικός ιατρός/ οικογενειακός σύμβουλος είναι το πρώτο κλειδί της επιτυχίας για την καλύτερη οργάνωση της πρωτοβάθμιας υγείας. Ο γενικός γιατρός/ οικογενειακός σύμβουλος είναι ένα βήμα από το σπίτι μεταξύ την κλινική και το νοσοκομείο άλλο ένα επίπεδο.

▶ Μπορεί έτσι να τρίγωνο-ποιήσει θέματα και μας παρακολουθεί συνέχεια ώστε να προλαμβάνονται λάθη.(Δες micro-sociology, 2015)

▶ Έτσι δεν διασπάτε το σύστημα υγείας. Έχουμε ένα Κεντρικό κόμβο και σχέση.

Πρόταση: Κοινότητά και Υγεία

▶ Η σχέση κοινότητας και ιατρού πρέπει να ενισχυθεί όπως και η επιλογή ιατρών. Αυτό μπορεί να γίνει με την δημιουργία δίχτυού ιατρών οπού ο ασθενής βρίσκει ιατρό ειδικό ως προς τα θέματα του πέραν από κλινικές.

  ▶ Ιατροί ειδικοί για διάφορες ομάδες σε ένα δίκτυο για παράδειγμα, τους μετανάστες, τους γέρους, τους χριστιανούς, τους πάσχοντες από ειδικές νόσους, τους ΛΟΑΤΙ (Λέσβιες, Ομοφυλοφίλους, αμφίφυλους, Τρανσ- φιλικούς και Ιντερ-σεξουάλ) κτλ. μπορούν να εδραιωθούν.

▶ Η ιατρική γνώση δημιουργείτε σε πολλά επίπεδα. Χεριάζετε κίνηση και ενημέρωση ασθενών για την συμμέτοχή τους σε ιατρικά πρωτοκολλά μελέτης/ έρευνας.

Περαιτέρω ερωτήματα;

▶ Τι σημαίνει ότι η υγεία είναι βιο-κοινωνικό αγαθό;

▶ Και αυτό για την πρωτοβάθμια φροντίδα υγείας;

▶ Ποιος είναι ο ρόλος του γενικού γιατρού και γιατί είναι απαραίτητος στο σύστημα;

▶ Ποια είναι η δομή του ελληνικού συστήματος Υγείας;

«Μπορεί να είναι οτιδήποτε!»

πολύ γενικός ιατρός

Σύνοψη για την Υγεία και Πρωτοβάθμια φροντίδα

- Η Βιο-κοινωνική υγεία στην Ελλάδα είναι καινούριο φαινόμενο. Ορίζει τους ασθενής κυβόργς.

- Η πρωτοβάθμια υγεία έχει ελλείψεις που μειώνουν την προσβασιμότητα και κοινωνικότητα της. Η κύρια έλλειψη είναι του γενικού οικογενειακού γιατρού.

- Στον καρκίνο ο γενικός γιατρός παίζει σημαντικό ρόλο στην διάγνωση του καρκίνου. Αν και ο κεντρικός ρόλος είναι του χειρούργου.

- Η ψυχοκοινωνική στήριξη των ασθενών είναι σημαντική για την δράση των και τις επιλογές των ειδικά για τον καρκίνο του μαστού.

Βιβλιογραφία

► Clark, 1969. "Medical cybernetics." in survey of cybernetics: A tribute to Dr. Nobert Wiener.

► Γεωργακοπούλου, Παρασκευή. 2014. Η ΠΡΩΤΟΒΑΘΜΙΑ ΦΡΟΝΤΙΔΑ ΥΓΕΙΑΣ ΣΤΗΝ ΕΛΛΑΔΑ ΚΑΙ Η ΑΝΑΓΚΑΙΟΤΗΤΑ ΑΝΑΣΥΓΚΡΟΤΗΣΗΣ ΤΗΣ. Πανεπιστήμιο Πελοποννήσου.

► Θεοχάρη, Σωτηρία. 1997. Birthing Pains: how do Cyborgs Refigure medical bodies, technologies, and objectives. Durham University.

► Θεοχάρη Σωτηρία. 2006. Life with Breast Cancer: Timing Medical Intervention. UCSF.

► Θεοχάρη, Σωτηρία. 2015. Micro-sociology.

► Οικονόμου, Χαράλαμπος. 2008. Υγεία και κοινωνικά κινήματα. Κοινωνική Συνοχή και Ανάπτυξη.

► Σωτηριάδου Κ.1 , Μαλλιαρού Μ.2 , Σαράφης Π «Πρωτοβάθμια Φροντίδα Υγείας στην Ελλάδα – κατάσταση και προοπτικές». Inter-scientific Health Care (2011) Vol 3, Issue 4, 140-148